BEI GRIN MACHT SICH IHR WISSEN BEZAHLT

- Wir veröffentlichen Ihre Hausarbeit, Bachelor- und Masterarbeit

- Ihr eigenes eBook und Buch - weltweit in allen wichtigen Shops

- Verdienen Sie an jedem Verkauf

Jetzt bei www.GRIN.com hochladen und kostenlos publizieren

Filmproduktion. Aufgaben der Mitarbeiter/-innen

Michelle Pester

Bibliografische Information der Deutschen Nationalbibliothek:

Die Deutsche Nationalbibliothek verzeichnet diese Publikation in der Deutschen Nationalbibliografie; detaillierte bibliografische Daten sind im Internet über http://dnb.d-nb.de abrufbar.

ISBN: 9783346603685
Dieses Buch ist auch als E-Book erhältlich.

© GRIN Publishing GmbH
Nymphenburger Straße 86
80636 München

Alle Rechte vorbehalten

Druck und Bindung: Books on Demand GmbH, Norderstedt Germany
Gedruckt auf säurefreiem Papier aus verantwortungsvollen Quellen

Das vorliegende Werk wurde sorgfältig erarbeitet. Dennoch übernehmen Autoren und Verlag für die Richtigkeit von Angaben, Hinweisen, Links und Ratschlägen sowie eventuelle Druckfehler keine Haftung.

Das Buch bei GRIN: https://www.grin.com/document/1181301

SRH Fernhochschule – The Mobile University

Medien- und Kommunikationsmanagement

Medienproduktion

Einsendeaufgabe zum Thema:

Medienproduktion

Alternative B

Vorgelegt von:

Michelle Pester

Fachsemester: 1

Abgabedatum: 15.12.2021

Inhaltsverzeichnis

1.Filmproduktion – Aufgaben der Mitarbeiter

Eine Produktion, die für ein breites Publikum entwickelt wird, beansprucht viele Mitarbeiter*innen mit vielfaltigen Aufgaben. Für diese Einsendeaufgabe wird das Beispiel der Filmproduktion verwendet, wobei es sich um einen rund 90-minutigen Film mit mittelständigem Produktionsbudget handeln soll.

Die Leitung des Projektes unterliegt von Anfang bis Ende dem Produktionsmanagement. Die Aufgaben sind eher der organisatorischen als der kreativen Art. Die Hauptaufgabe besteht darin, dass die Produktion im zeitlichen und finanziellen Rahmen beendet wird. Sobald die Produktion genehmigt wurde, wird ein*e Produktionsmanager*in involviert, welche*r die Verfilmung bis hin zur Postproduktion begleitet und sich ebenfalls um das Mieten von Requisiten, Versicherungen und den Zeitplan kümmert.[1]

Die „Directors Guild of America" beschreibt folgende Aufgaben für die Produktionsleitung:

- Vorbereiten des Film- und Zeitplanes
- Festlegen des Budgets
- Die Auswahl der Drehorte überwachen und rechtliche Abstimmungen treffen
- Die Vorbereitung der Produktion überwachen
- Die Sicherstellung, dass der Produktionsreport jeden Tag vervollständigt wird
- Organisation von Transport und Unterkünften
- Abmachungen und Vertrage Schließen und beaufsichtigen
- Zusammenarbeit mit den lokalen Autoritäten, bezüglich Standorten und Rechten, sicherstellen [2]

Unter der Leitung des/der Produktionsmanager*in agiert der/die Produzent*in. Er/Sie initiiert, koordiniert, überwacht und kontrolliert alle kreativen und finanziellen Prozesse, sowie technologische und administrative Aspekte. Damit stellt diese Position die Schnittstelle zwischen der Regie und der Redaktion dar. Der/Die Produzent*in ist für kreative und organisatorische Aufgaben zuständig und verbindet damit beide Bereiche miteinander. Bei der Produktion eines Filmes hat der/die Produzent*in großen Einfluss auf die Auswahl der Besetzung und der Angestellten, sowie auf das Produktionsdesign, Kleidung, Standorte, das Editing und teils auch auf das Skript oder Drehbuch. Oft wurde das Material von der/dem Produzent*in entwickelt und besitzt somit jegliche Rechte an

---

[1] Vgl. Clevé, Bastian: Film Production Management, New York: Focal Press, 2013, S. 1-6.
[2] Vgl. Clevé, 2013, S. 3.

der Produktion. Falls dies nicht der Fall ist, werden die Rechte nachträglich, vor Beginn der Produktion, erworben. Das Projekt wird möglicherweise an ein Studio verkauft, falls dieses nicht in Auftrag gegeben wurde, womit die Finanzierung gesichert werden soll. Der/Die Produzent*in unterschreibt ebenfalls alle Abmachungen und Verträge und vermittelt zwischen der Produktion und dem Studio und ist verantwortlich für die Beendigung des fertigen Projektes.[3]

Die Grundlage für eine Filmproduktion stellt das Drehbuch dar. Dieses wird von einem/r Autor*in in Abstimmung mit der Redaktion oder des Studios geschrieben. Oft schreibt auch der/die Regisseur*in das Drehbuch.[4] Falls es noch keine vollendete Version gibt, kann auch eine Geschichte von einem Studio oder Produzent*in vorgeschlagen oder beauftragt werden. Dabei tauscht sich der/die Autor*in mit der Regie und der Produktionsleitung aus.[5]

Die Inspiration für ein Drehbuch kann aus Büchern, Theaterstücken, realen Lebensgeschichten, Liedern oder anderen Filmen kommen.[6] Das wohl bekannteste Beispiel für eine Filmreihe, die auf Büchern basiert, ist Harry Potter, ursprünglich von J.K. Rowling geschrieben, welche später als achtteilige Filmreihe adaptiert wurde.

Der/Die Autor*in muss viele Aspekte beim Schreiben des Drehbuches beachten. Darunter zählt das richtige Formatieren und alle wichtigen Beschreibungen der Charaktere. Die Formatierung ist bei vielen Drehbuch Programmen, wie bei Final Draft, bereits eingebaut, sodass man sich manuell um wenig kümmern muss.[7] Außerdem müssen alle Haupt- und Nebenrollen entsprechend beschrieben werden, wie zum Beispiel ihr Alter, ihren Beruf und sozialen Status und ihr Kleidungsstil.[8]

Das Drehbuch wird von dem/der Regisseur*in umgesetzt und ist damit für die künstlerischen und dramaturgischen Aspekte verantwortlich. Er oder Ihr unterliegt die kreative Leitung des Projektes und inszeniert die Schauspieler den Vorstellungen entsprechend. Vor Beginn des Drehs bzw. während der Planung der Produktion wird der zeitliche Ablauf des Filmes kalkuliert und jede einzelne Szene wird mit Kamerawinkeln und der genauen Dauer geplant.[9] Die Regie sucht außerdem nach Drehorten und stimmt

---

[3] Vgl. Honthaner, Eve Light: The complete film production handbook, Burlington: Focal Press, 2010, S.1-3.
[4] Vgl. Scholten, M.: Action! Ein Blick hinter die Tatort-Kulissen, Zeitschrift für Herz-, Thorax- und Gefäßchirurgie, Nr. 5, 2017, S. 364-365.
[5] Vgl. Honthaner, 2010, S.79.
[6] Vgl. Clevé, 2013, S. 10.
[7] Vgl. Honthaner, 2010, S.79.
[8] Vgl. Scholten, 2017, S. 365.
[9] Vgl. Scholten, 2017, S. 366.

mit den Produktionsleitern die Garderobe, die Sets und die Requisiten ab. Zusammen mit dem/der Komponist*in bespricht der/die Regisseur*in die Musik und zusammen wird eine Auswahl getroffen und später der Soundtrack zusammengestellt. Außerdem begleitet der/die Regisseur*in die Vertonung und des Schnitt des Filmes in der Postproduktion und koordiniert die finale Version. Falls es eine Pressekonferenz für die Vermarktung des Filmes gibt, wird oft der/die Regisseur*in dort zusammen mit den Hauptdarsteller*innen zu dem Film befragt.[10]

Von außen betrachtet sind die Schauspieler*innen die wichtigsten Akteure bei einer Filmproduktion. Diese werden von dem/der Regisseur*in zusammen mit dem/der Produzent*in ausgewählt. Vor der Kamera spielen sie Charaktere, wobei alle Charakterzüge, Dialoge und Handlungen im Drehbuch beschrieben sind. Oft werden die Schauspieler*innen von Agenten für Rollen empfohlen und bei Vertragen beraten. Einige Schauspieler*innen spielen ihre Rollen über Jahre hinweg, besonders bei Fernsehserien. So spielt Axel Prahl seit 2002 den Hauptkommissar Frank Thiel in der Filmserie „Tatort" (Stand 2017)[11]. In dem Beispiel von Tatort werden für eine Folge rund 30 Schauspieler*innen und Hunderte von Statist*innen benötigt. Statist*innen sind Darsteller ohne Dialog, die zur Atmosphäre und Glaubwürdigkeit der Szene beitragen und zum Beispiel im Hintergrund durch das Bild laufen. [12]

Für die Garderobe der Schauspieler sind die Kostümbildner*innen zuständig. Sie verwalten die Kostüme der Schauspieler*innen und legen zusammen mit dem/der Regisseur*in fest, wer welche Kleidung in welcher Szene tragen soll.[13] Die passende Kleidung finden sie in Geschäften, im Internet oder im bereits existierenden Kostümfundus des Senders. Diese Outfits werden dann eventuell angepasst und gewaschen, gebügelt oder präpariert, je nach Szene. Bei besonderen Szenen, wie zum Beispiel bei Stunts, müssen Outfits eventuell in mehrfacher Ausführung vorhanden sein, falls der/die Schauspieler*in zum Beispiel nass oder schmutzig wird.[14]

Genauso sorgfältig, wie die Kleidung werden auch die Gegenstände in Filmen ausgewählt. Kippt in dem Film beispielsweise ein Wasserglas um, wird dieses vom Prop Master wieder zurück in denselben Zustand versetzt, wie vor der Szene, damit es bei der Wiederholung mit einem anderen Kamerawinkel keinen Unterschied gibt. Der Prop

---

[10] Vgl. Honthaner, 2010, S. 4.
[11] Vgl. Scholten, 2017, S. 365.
[12] Vgl. Scholten, 2017, S. 367.
[13] Vgl. Heiser, Albert: Das Drehbuch zum Drehbuch, Storytelling, Konzeption und Produktion Für Werbefilme, Trailer, Imagefilme und Viral-Videos, Wiesbaden: Springer Fachmedien Wiesbaden GmbH 2020, S. 413.
[14] Vgl. Scholten, 2017, S. 365.

Master ist damit also für alle Objekte zuständig, die in der Aufnahme eine Funktion haben und von einem/einer Schauspieler*in benutzt oder gezeigt werden und keine Dekoration im Hintergrund sind. [15]

Ein Film wäre ohne eine*n Kameramann/-frau nicht möglich. Diese*r setzt die Ideen der Regie um und filmt die Szenen nach den Plänen und Wünschen des/der Regisseur*in. Oft wird ein zweites Kamerateam eingesetzt, das ohne den/die Regisseur*in arbeitet und Impressionen aus dem Umfeld, z.B. dem Stadtverkehr, einfängt. Diese werden genutzt, um Zwischensequenzen natürlicher wirken zu lassen. Des Weiteren stimmt sich der/die Kameramann/-frau mit dem Oberbeleuchter ab, um eine passende Beleuchtung für die jeweilige Szene zu finden.[16]

Üblicherweise hat die Kameraführende Person zwei Assistenten. Der/Die erste Assistent*in (1st AC) ist für die Kameras zuständig und dafür, dass diese reibungslos funktionieren. Er/Sie baut die Kamera auf oder ab und wechselt gegebenenfalls die Objektive. Der/Die zweite Assistent*in (2nd AC) schlägt die Filmklappe und ist für den Speicher des Material zuständig. Es müssen die Kassetten bzw. Festplatten gewechselt, das Rohmaterial vorbereitet und protokolliert werden. Desweitern muss der/die 2nd AC sicherstellen, dass das Equipment unbeschädigt transportiert wird.[17]

Die Tontechniker*innen sind für die Vertonung des Filmes verantwortlich. Sie fangen die Stimmen der Schauspieler*innen und die Umgebungsgeräusche mit Mikrofonen ein. Bei Nahaufnahmen kommen hierbei die „Angel" oder der „Galgen" zum Einsatz, wie in Abbildung 1 zu sehen. Diese werden über die Schauspieler und außerhalb des Kamerabildes gehalten. Die Tontechniker*innen müssen außerdem sicherstellen, dass keine ungewollten Störgeräusche aufgenommen werden.[18]

---

[15] Vgl. Heiser, 2020, S. 413.
[16] Vgl. Scholten, 2017, S. 367.
[17] Vgl. Heiser, 2020, S. 411.
[18] Vgl. Scholten, 2017, S. 367.

https://www.filmhaus-bielefeld.de/wp-content/uploads/2019/11/tonangel-845x321.jpg

Diese Abbildung wurde aus urheberrechtlichen Gründen von der Redaktion entfernt.

Abbildung 1: Verwendung der Tonangel (Filmhaus Bielefeld, 2019)

Der Ton wird separat vom Bild aufgenommen und in der Postproduktion passen hinterlegt. Zusätzlich gibt dies die Möglichkeit der Nachvertonung. In einem Tonstudio werden Schritte, Türen oder andere Geräusche von einem Geräuschmacher oder „Foley" künstlich nachvertont.[19] Das bekannteste Beispiel hierfür ist das Zusammenschlagen von Kokosnussschalen zum Nachahmen von Hufen.

Der eigentliche Schnitt eines Filmes sind die Cutter*innen. Sie können mit ihrer Arbeit beginnen sobald das erste Material gefilmt und gespeichert wurde. Es werden die richtigen Takes ausgewählt und in der korrekten Reihenfolge angeordnet, um den Handlungssträngen des Drehbuches zu folgen. Die erste Schnittfassung, auch Rohschnitt genannt, wird oft parallel zum Dreh erstellt. Im Laufe der Bearbeitung wird die Reihenfolge verändert und Szenen weggelassen oder gestreckt. Der Feinschnitt, also die letzte Fassung des Filmes, wird mit dem/der Regisseur*in erzeugt. Parallel zu der Bearbeitung der Szenen, wird der Ton und die passende Musik ausgewählt.[20]

Viele dieser Berufe haben Assistenten oder Unterkategorien, weswegen hier nur auf die wichtigsten Berufe und Angestellten eingegangen und einige zusammengefasst wurden. So gibt es beispielsweise meist nicht nur eine*n Produzent*in, sondern auch Executive Producer, Co-Producer, Line Producer, etc.[21]

---

[19] Vgl. Scholten, 2017, S. 368.
[20] Vgl. Berufsbild Filmeditor*in: in: Bundesverband Filmschnitt Editor e.V., o. D., https://bfs-filmeditor.de/berufsbild-filmeditorin/ (abgerufen am 01.12.2021).
[21] Vgl. Honthaner, 2010, S.2.

2.Die Filmproduktion

Ein Film beginnt immer mit einer Idee für ein Drehbuch. Falls es noch kein fertiges Skript gibt, wird zuerst ein Exposé angefertigt. Dies ist der Plan der Drehbuches mit Inhaltsangaben. Es beinhaltet die Zusammenfassung und den Kurzinhalt, sowie eine Figurenbeschreibung und den Ablauf der Ereignisse bzw. die Handlungsschritte. Insgesamt umfasst ein Exposé zwischen drei und zwanzig Seiten.[22] Die Inspiration kann von anderen Filmen, Büchern oder realen Geschichten kommen.[23]

Wurde noch kein Drehbuch oder eine Idee ausgewählt such der/die Produzent*in nach passendem Material, das in einen erfolgreichen Film gemacht werden kann. Der/Die Produzent*in muss dann die Rechte an dem Material erwerben. Falls die Produktion nicht von einem Studio oder eine Produktionsfirma beauftragt wurde, muss er/sie eine solche finden, die die Finanzierung des Filmes übernimmt. Wurde eine passende Firma gefunden, hält der/die Produzent*in einen Pitch oder Vortrag und stellt das Projekt vor. Dabei sollte beachtet werden, dass Vorschläge für Schauspieler*innen, den/die Regisseur*in und andere wichtige Angestellte gemacht werden sollten, um die Idee bestmöglich zu verkaufen. Wenn der Pitch erfolgreich war und man sich auf ein Budget geeinigt hat, kann der Film in die Vorproduktion oder Preproduktion gehen.[24]

In der Vorproduktion werden alle Gestaltungs- und Organisationsfragen geklärt, um die eigentliche Produktionsphase bestmöglich vorzubereiten und zu planen. Dabei sind der/die Produzent*in und der/die Regisseur*in entscheidende Personen. Die Produktionsleitung koordiniert das Budget, entwickelt detaillierte Ablauf- und Drehpläne, sowie Aus- und Verträge und ist grundsätzlich für die Gesamtkoordination verantwortlich. Der/Die Regisseur*in leitet den künstlerischen Teil der Produktion.[25]

Zusammen mit der Kameraperson entwickelt die Regie ein Shooting Board. Ein Shooting Board stellt ein erweitertes Storyboard dar, welches der tatsächlichen Drehablauf dokumentiert. Dabei werden Kamera- und Lichteinstellungen und Schauspieler notiert und jedes einzelne Bild wird zusammen mit der Kameraperson geplant. Der/Die Regisseur*in muss den Film sekundengenau vor dem inneren Auge sehen. Beim Dreh werden die einzelnen Szenen später von der Regieassistenz markiert, um der Produktionsleitung und allen am Dreh Beteiligten einen Überblick zu geben, welche

---

[22] Vgl. *Gutmann* et al. (2021). in: HFF München, o. D., https://www.hff-muenchen.de/de_DE/bewerbungsexpose (abgerufen am 02.12.2021).
[23] Vgl. Clevé, 2013, S. 10.
[24] Vgl. Clevé, 2013, S. 11.
[25] Vgl. Heiser, 2020, 401.

Szenen bereits gedreht wurden und welche Requisiten oder ähnliches noch benötigt wird.[26]

https://cdn.domestika.org/c_fit,dpr_1.0,f_auto,t_base_params,w_610/v1599239992/content-items/005/687/841/Screen_Shot_2020-09-03_at_22.54.09-original.png?1599239992

DIese Abbildung wurde aus urheberrechtlichen Gründen von der Redaktion entfernt.

Abbildung 2: Beispiel eines Shooting Boards (Edington, 2020)

Gemeinsam mit dem Location Scout sucht der/die Regisseur*in nach geeigneten Drehorten, die der/die Autor*in im Drehbuch beschrieben hat. Der Scout kennt viele Locations und kann schnell viele geeignete Locations nennen. Eine Location ist dabei jeder Drehort, egal ob diese innen oder Außen liegen. Diese Drehorte werden dann fotografiert oder gefilmt und die Regie und die Kameraperson besichtigen diese Locations und treffen gemeinsam Entscheidungen.[27]

Der/Die Regisseur*in bestimmt die Besetzung der Schauspieler mit dem Casting Director zusammen. Der/Die Autor*in beschreibt die Charaktere und darauf wird die Besetzung basiert. Bei der Such nach dem/der richtigen Schausteller*in unterscheidet man zwischen Darsteller*in, Komparsen und Modellen. Schauspieler*innen haben eine entsprechende Ausbildung gemacht und haben bereits Berufserfahrung gemacht. Modelle werden wegen ihrem Aussehen gecastet und sind schauspielerisch begrenzt. Komparsen bewegen sich im Hintergrund einer Szene und haben keinen Text. Beim Casting selbst werden die verschiedenen Personen, die für eine Rolle in Frage kommen aufgenommen. Danach schauen sich der Casting Director und die Regie die Videos noch einmal an und treffen dann ihre Entscheidung.[28]

---

[26] Vgl. Heiser, 2020, S. 402.
[27] Vgl. Heiser, 2020, S. 405.
[28] Vgl. Heiser, 2020, S.403.

Die eigentlich Produktion eines Filmes beginnt mit dem ersten Drehtag. Der/Die Regisseur*in macht einen finalen Garderoben-Check und stellt sicher, dass alle Kostüme passen und am Set sind. Alles Equipment wird getestet und die Location wird überprüft und abgenommen. Für jeden Drehtag wird eine Disposition erstellt, worauf alle Beteiligten und logistischen Details aufgeführt werden, zusammen mit dem genauen Drehplan und wichtigen Telefonnummern. Die Location wird hergerichtet und die Lichter werden angepasst, die Kameras aufgestellt und Requisiten werden aufgebaut. Währenddessen werden die Schauspieler*innen geschminkt und frisiert.[29]

Sobald alles vorbereitet ist, muss absolute Ruhe am Set herrschen. Der/Die Tontechniker*in schaltet die Mikrofone ein und überprüft den Pegel und die Einstellungen. Sobald alles einsatzbereit ist, wird die Filmklappe geschlagen. Auf dieser steht die Szene, der Take (die Wiederholung) und das Datum, damit später in der Postproduktion Ton und Bild synchronisiert werden können und die richtige Aufnahme gefunden werden kann.

Diese Abbildung wurde aus urheberrechtlchen Gründen von der Redaktion entfernt.

Abbildung 3: Einsatz der Filmklappe am Set (Scholten, 2020, S. 366)

Für eine Szene werden zwischen fünf und zehn Takes benötigt. Eine Szene wird solang gefilmt bis der/die Regisseur*in zufrieden ist. Danach wird das Set umgebaut, die Darsteller*innen eventuell ungeschminkt und der Drehprozess wird wiederholt. Der Dreh eines Filmes kann mehrere Wochen bis Monate dauern, je nach dem Budget und dem Aufwand bzw. der Qualität des Filmes.[30]

---

[29] Vgl. Heiser, 2020, S. 414.
[30] Vgl. Heiser, 2020, S. 415.

Sobald alles abgedreht ist, beginnt die Postproduktion oder Nachbearbeitung. Die Bearbeitungsschritte lassen sich unterteilen in:

1. Editing und Schnitt
2. Farbkorrektur
3. Compositing/VFX
4. Vertonung
5. Auslieferung/Distribution
6. Archivierung/Bereitstellung

Heutzutage sind die Auslieferung und Archivierung meist verbunden und passieren simultan, da Filme oft digital gespeichert werden, anstatt auf plastischen Filmen.[31]

Beim Schnitt sichtet der/die Cutter*in das gesamte Material und schneidet eine erste Fassung. Bis zur finalen Fassung stimmt sich der/die Verantwortliche immer wieder mit der Regie ab. Ein Film kann in linearen oder beliebiger Abfolge geschnitten werden. Es wird immer mit Kopien des Materials gearbeitet, somit verschiedene Schnittversionen erstellt werden können ohne Qualitätsverlust zu erleiden. Danach wird der Ton synchron zum Bild angelegt.[32]

Bei der Farbkorrektur kann die Farbabstimmung und der „Look" des Filmes bestimmt und verändert werden. Der Kontrast, die Helligkeit und die Farben werden der Szene und der gewünschten Stimmung entsprechend angepasst und abgestimmt.[33]

Ein VFX oder Visual Effects Artist fügt 2D oder 3D Animationen ein und integriert Effekte in den Film. So kann man zum Beispiel Häuser von Klippen stürzen oder Naturkatastrophen simulieren. [34] Damit der Artist Weiß, welche Frames bearbeitet werden müssen, gibt es eine Schnittliste oder EDL (Editing Decision List). Mit dieser Liste können genaue Frames abgerufen und bearbeitet werden.

Die Vertonung eines Filmes umfasst das Aufnehmen, Bearbeiten und Einfügen von Sprachaufnahmen, Geräuschen, Musik und die finale Endmischung. Foleys (Schritte, Autogeräusche, …) und Atmosphären (Regen- und Waldgeräusche, …) werden oft im Nachhinein hinzugefügt. Die Komposition von Musik, welche oft speziell für den Film erstellt wird, findet parallel zur Produktion statt.[35]

---

[31] Vgl. Heiser, 2020, S. 420.
[32] Vgl. Heiser, 2020, S. 421.
[33] Vgl. Heiser, 2020, S. 422.
[34] Vgl. Heiser, 2020, S. 423.
[35] Vgl. Heiser, 2020, S. 425-426.

Die Endabnahme findet zusammen mit dem/der Produzent*in und dem/der Regisseur*in und dem Studio statt. Bei einigen Produktionen werden Kinosäle gebucht, um den vollen Eindruck zu vermitteln und den Gesamteindruck wahrnehmen zu können.

Jede Filmproduktion hat eine bestimmte Zielgruppe, die je nach Film und möglichem Franchise grösser und allgemeiner oder kleiner und spezialisierter sein kann. Die Zielgruppe wird besonders durch die Vermarktung angesprochen, was in diesem Dokument später noch genauer erläutert wird.

Vor der Produktion wird ein Budget für den Film festgelegt. Die wichtigsten Variablen für die Kalkulation des Budgets sind:

- Rechte des Manuskriptes
- Gagen für Produktions- und Regiestab, Schauspieler, Musiker, etc.
- Ausstattung und Technik
- Filmmaterial und -bearbeitung
- Versicherungen
- Postproduktion (Farbkorrektur, Animationen, Schnitt)
- Atelier (Hallenmietung, Kleidung, etc.)
- Reise- und Transportkosten (Reisekosten zum Drehort, Hotels, Flüge)[36]

Als Beispiel der Budgetberechnung dient der Film „Bloody Movie!" von 2015:

Diese Abbildungen wurden aus urheberrechtlichen Gründen von der Redaktion entfernt

Abbildung 5"Bloody Movie!" Budget S.1 (Smith, 2015)   *Abbildung 4"Bloody Movie!"Budget S.2 (Smith, 2015)*

[36] Vgl. Semmler, Beate et al.: Medienproduktion, SRH Fernhochschule Riedlingen, 2016, S.87 (Große Darstellung im Anhang).

3.Fertigstellung des Filmes

Um beurteilen zu können ob die technischen Grundlagen in der Filmproduktion standardisierter, zuverlässiger und einfacher nutzbar geworden sind, muss man zuerst verstehen wie sich die Filmtechnik entwickelt hat.

Thomas Edison, der Erfinder der Glühbirne, versuchte 1887 eine Kamera zu entwickeln, die bewegte Bilder aufnehmen konnte. 1894 patentierte er den Kinetographen in Amerika. Die Bruder Auguste und Louis Lumière wurden von Edisons Erfindung inspiriert und erfanden nur ein Jahr später den Kinematografen, eine Mischung aus einer Kamera und einem Projektor, und patentierten diesen in Frankreich. Die erste Filmvorführung vor zahlendem Publikum fand 1895 statt. Der 20-minütige Film „Arbeiter verlassen die Lumière-Werke" zeigte, wie Arbeiter die Fabriken verließen. [37]

1898 klemmte die Blende einer Kamera bei einer Filmproduktion von Georges Méliès fest und der Film wurde zu lange beleuchtet. Durch diese Überbelichtung verschwanden Menschen und Fahrzeuge, die zuvor sichtbar waren und tauchten dafür an anderen Positionen wieder auf. So wurde zufällig der erste Spezialeffekt entdeckt und die Start-Stop-Technik bzw. Stop-Motion-Technik geschaffen.[38]

Die sogenannte Stummfilmzeit war tatsachlich nie ohne Ton. Die Filme wurden von Klavierspielern, Orchestern oder Edison-Phonografen begleitet. Der erste Film, der mit einer Tonspur aufgenommen wurde, wurde 1902 veröffentlicht.

Rund 20 Jahre später wurde das Ton-auf-Film-System entwickelt, wobei die Tonspur direkt neben der Bildspur aufgenommen wurde, mit Hilfe des Lichttonverfahrens.[39]

Der nächste große Schritt für die Filmproduktion war das Filmen mit Farbe. Der erste Spielfilm, der mit einem Drei-Farben-System aufgenommen wurde, war „Becky Sharp" von 1935. Darin wurden erstmal natürliche Farben aufgenommen, allerdings mit sehr hohen Kosten.[40] Seitdem sind die Produktionskosten für Farbfilme so weit gesunken, dass sie heute der Standard sind.

Mit der Verbreitung des Computers und des Internets entwickelte sich auch die Filmproduktion rasant weiter. Anfangs wurden Computer nur für den Filmschnitt

---

[37] Vgl. Antl, Samuel: Der Wandel der Filmlandschaft. Wie der technische Fortschritt das Bewegtbild verändert, Mittweida: 2018, S. 9-10.
[38] Vgl. Antl, 2018, S. 10.
[39] Vgl. Antl, 2018, S. 11.
[40] Vgl. Jockenhövel, Jesko: Der Digitale 3D-Film. Narration, Stereoskopie, Filmstil, 1. Auflage, Wiesbaden: Springer Fachmedien Wiesbaden GmbH, 2014, S. 29.

verwendet. 1971 veröffentlichte die Firma CMX Systems den ersten „non-linear editor". Der nicht-lineare Schnitt war ein großer Schritt für die Filmproduktion, weil das Rohmaterial auf ein digitales Medium übertragen wird, um dieses dann am Computer zu bearbeiten und somit der Film beliebig oft bearbeitet werden konnte, ohne das Rohmaterial zu beschädigen. Nach der Bearbeitung des Filmes wurde dieser dann wieder auf einem physische Film gespeichert.[41]

Der Nachteil dieser Methode waren die Kosten. Es konnte zwar Geld eingespart werden, weil keine zusätzlichen Kopien angefertigt werden mussten, allerdings war das Programm und der dafür benötigte Computer sehr teuer. Hinzu kommt noch, dass der Speicher von Computern zu dieser Zeit noch sehr gering war und sich damit nicht für Filme eignete. Dies änderte sich jedoch 1988, als eine günstiger Version des Programmes mit einem größerem Speicher auf dem Markt kam, mit der man kurze Filme oder Werbefilme bearbeiten konnte. Ganze Spielfilme konnten ab 1993 digital editiert werden, als der Speicher auf 7 Terrabyte erweitert wurde.[42]

Ab den 90er Jahre wurde der digitale Schnitt zum Standard, wobei der Film eingelesen, bearbeitet und wieder auf Film übertragen wurde.

Einer der berühmtesten Filme weltweit ist „Star Wars" von 1977. Dabei wurden einzelne Bilder bis ganze Szenen am Computer generiert. Mit CGI („Computer Generated Imagery") wurde 1985 die erste voll computeranimierte Figur in „Young Sherlock Holmes" animiert.

https://www.ilm.com/wp-content/uploads/2021/03/young_sherlock_holmes_bg.1-aspect-ratio-2.7-1.jpg

Diese Abbildung wurde aus urheberrechtlichen Gründen von der Redaktion entfernt.

Abbildung 6 Die erste voll computeranimierte Figur in "Young Sherlock Homes"

Über die Jahre wurde CGI verbessert und später durch Motion Capture optimiert. Hierbei werden Positionsmarker an Schauspielern angebracht, womit Positions-

---

[41] Vgl. Antl, 2018, S. 19-20.
[42] Vgl. Antl, 2018, S. 19.

Änderungen aufgezeichnet werden und in der Postproduktion durch CGI ergänzt und verändert werden. Diese Technik wurde besonders in dem Film „Avatar" (2009) für die Na'vi, die einheimische Spezies auf einem außerirdischen Planeten, eingesetzt. Der Film wurde als revolutionär und bahnbrechend vermarktet. [43]

https://www.hollywoodreporter.com/wp-content/uploads/2019/03/avatar-publicity_still-h_2019.jpg?w=681&h=383&crop=1

Diese Abbildung wurde aus urheberrechtlichen Gründen von der Redaktion entfernt.

Abbildung 7 Na'vi im Film "Avatar" (2009), (Bulbeck, 2020)

Der Umstieg von analogem Film zu digitalen Kameras fand erst Mitte der 2000er statt. Diese Veränderung kam mit größeren Blendenbereichen, besserem Kontrast und verbesserten Objekten. Mittlerweile ist die Produktion von Filmen hauptsächlich digital, von Tabletts am Set, anstatt von Stift und Papier, bis hin zur Postproduktion und zur Veröffentlichung. [44]

Durch die Entwicklung der Technologie ist die Filmproduktion ist einfacher und komplizierter zu gleich geworden. Computerprogramme, die für die Vor- und Postproduktion verwendet werden, sind sehr vielfaltig und bieten zahlreiche Möglichkeiten Filme zu bearbeiten. Es ist heutzutage kein Problem mehr eine außerirdische Spezies und fremde Planeten zu kreieren und diese realistisch aussehen zu lassen. Durch den Umfang der Programme ist der Umgang und die Anwendung dieser deutlich erschwert. Allerdings kann man sich durch den Zugriff auf das Internet vieles selbst beibringen und benötigt nicht zwingend eine Fachausbildung.

Auch die Qualität von Filmen hat sich durch hochauflösende Kameras und Objekte, sowie die Speicherung des Materials, weiterentwickelt. Seit Beginn der 2000er werden

---

[43] Ng, Jenna: Seeing Movement: On Motion Capture Animation and James Cameron's Avatar, 2012, S.273-286.
[44] Vgl. Schmidt, Ulrich: Professionelle Videotechnik, Berlin: Springer Vieweg, 2021, S.369-375.

kaum noch physische Filmrollen verwendet. Stattdessen wird das Filmmaterial auf Festplatten und technischen Speichermedien aufgezeichnet. Dadurch können Kopien, ohne zusätzliche Kosten, gemacht werden und das Originalmaterial wird nicht beschädigt. Allerdings können Dateifehler entstehen oder Server beschädigt werden, wodurch das Material eventuell korrumpiert wird, was die Wiederherstellung deutlich komplizierter macht.

Die Vermarktung von Filmen findet durch viele verschiedene Methoden statt. Die wohl bekannteste davon ist der Trailer. Dies ist ein Werbefilm, der den Film ankündigt und dabei Ausschnitte, Texte, Audioausschnitte, Musik und Toneffekte nutzt. Der Trailer ist dabei das günstigste Werbemittel, weil bereits gedrehte und bearbeitete Filmausschnitte neu angeordnet werden. Bei einem durchschnittlichen Hollywood-Film wird für einen Trailer nur 1 bis 4% des Werbebudgets verwendet, trägt allerdings bis zu 30% der Einspielergebnisse bei.[45]

Auch die Schauspieler*innen selbst tragen zur Vermarktung des Filmes bei. Schausteller*innen und deren Namen sind wie „wiedererkennbare Logos, die eine bestimmte Art von Unterhaltung in gleich bleibender Qualität verheißen. Sie wecken genaue Erwartungen bei den Zuschauern – und lassen sich daher hervorragend bewerben. [...] Den Stars fällt die Aufgabe zu, einen Film herauszuheben, ihn identifizierbar zu machen. Oft genug leihen sie ihm ihren Namen - das neue Julia-Roberts-Drama - als Ersatztitel."[46] Hollywood bezahlt mehr Geld für Schauspieler*innen, die bekannt sind und einen großen Reputation haben, damit diese an der Produktion beteiligt sind. Auch bei der Zweitverwertung und der Crossmedialen Vermarktung, zum Beispiel Videos, DVDs, Fernsehen und Online-Streaming, wird diese Taktik verwendet und die Reputation der Darsteller*innen zur Vermarktung verwendet.[47]

Ein weiterer, zentraler Bestandteil der Vermarktung der Stars sind Interviews. Wenn Interesse für die Schauspieler*innen geweckt wird, kann auch indirekt für den Film geworben und Neugier etabliert werden. Der Bedarf nach Nähe zu den Filmstars ist in den letzten Jahrzehnten deutlich gestiegen, was von den Studios zu ihrem Vorteil genutzt wird. Printmedien, wie zum Beispiel Zeitungen und Magazine, aber auch Fernseh- und Radiosender interviewen die Schauspieler*innen und stellen dabei, durch private Fragen o.ä., ein Gefühl von Intimität her. Ein Interviewplatz in einer Zeitung kostet dem

---

[45] Vgl. Hediger, Vinzenz/ Vonderau, Patrick: Demnächst in Ihrem Kino: Grundlagen der Filmwerbung und Filmvermarktung, Marburg, Deutschland: Schüren Verlag, 2009, S. 272.
[46] Der Spiegel, Stars: Zicken und Querulanten, in: Der Spiegel, 2.04.1995, https://www.spiegel.de/kultur/zicken-und-querulanten-a-234172ba-0002-0001-0000-000009181064 (abgerufen am 14.12.2021).
[47] Vgl. Hediger/ Vonderau, 2009, S. 282-286.

Filmstudio durchschnittlich 3000 Euro. Der Managing Director eines großen Schweizer Verleihs sagte dazu: „Wissen Sie, wir bezahlen zwar 6000 (=5700 Euro) Franken, um Ihnen ein Interview zu ermöglichen. Dafür erscheint aber zum Kinostart eine Doppelseite zum Film in Ihrer Zeitung. Wollte ich dieselbe Aufmerksamkeit für den Film über ein Inserat erzielen, müsste ich zwei Werbeseite zum Preis von 18 000 (=17000 Euro) Franken buchen."[48] Das bedeutet, dass durch das Interview das Studio, sowohl als auch die Zeitung davon profitieren. [49]

Die Filmmusik ist ein grundlegender Bestandteil der Werbung für einen Film. Ein Song in einem Film kann den Kassenerfolg um bis zu eine Millionen US-Dollar steigern. Der Verkauf von Soundtracks schafft nicht nur Aufmerksamkeit für die Musiker, sondern auch für den Film. Der Film „Flashdance (what a feeling)" von 1983 hat insgesamt über 185 Millionen US-Dollar eingebracht und von dem Soundtrack wurden über 17 Millionen Exemplare verkauft.[50]

Eine weitere Methode der Vermarktung ist der Making-of-Film, wobei das Publikum mit einem Blick hinter die Kulissen neugierig gemacht werden soll. Dieser Drehbericht imitiert eine Reportage oder einen Dokumentarfilm und soll dank Insiderwissen eine Nähe zu den Schauspieler*innen und den Mitarbeiter*innen herstellen. Diese, oft sehr kurzen, Filme handeln von den Stars, der Produktion und den/der Regisseur*in und anderen wichtigen Bestandteilen.[51] Das Interesse für solches Insiderwissen ist sehr groß. Im Oktober 2020 hat das Warner Bros. Studio einen 10-minütigen Making-of-Film für den Film „Es: Kapitel 2" veröffentlicht. Das Video hat in knapp über einem Jahr mehr als 22 Millionen Aufrufe bekommen.[52] [53]

Jede Filmproduktion hat vielfältige Möglichkeiten sich kreativ und organisatorisch, sowie werbetechnisch sich von anderen abzuheben und weiterzuentwickeln. Dieses Dokument sollte einen Einblick in die Branche schaffen und eine Übersicht über die verschiedenen Aufgaben der Beteiligtem geben.

---

[48] Hediger/ Vonderau, 2009, S. 308.
[49] Vgl. Hediger/ Vonderau, 2009, S. 297-309.
[50] Vgl. Hediger/ Vonderau, 2009, S. 314.
[51] Vgl. Hediger/Vonderau, 2009, S. 321-322.
[52] (Stand: 15.12.2021).
[53] Vgl. Warner Bro. Entertainment: IT: Chapter Two | Behind The Scenes: Pennywise Lives Again | Warner Bros. Entertainment, 2020 [YouTube] https://www.youtube.com/watch?v=-4zVqbFoJoA.

Literaturverzeichnis

Antl, S. (2018), Der Wandel der Filmlandschaft. Wie der technische Fortschritt das Bewegtbild verändert, Bachelorarbeit, University of Applied Science, Mittweida.

Bundesverband Filmschnitt Editor e.V. (2019), Berufsbild Filmeditor*in, in: https://bfs-filmeditor.de/berufsbild-filmeditorin/, abgerufen am 1.12.2021.

Clevé, B. (2013), Film Production Management, 3. Aufl., New York.

Der Spiegel (1995), Stars: ZICKEN UND QUERULANTEN, DER SPIEGEL.

Gutmann, M./Wisotzky, D./Blaschke, B. (2021), Das Exposé - HFF München, in: https://www.hff-muenchen.de/de_DE/bewerbungsexpose, abgerufen am 2.12.2021.

Hediger, V./Vonderau, P. (2009), Demnächst in ihrem Kino. Grundlagen der Filmwerbung und Filmvermarktung, 2. Aufl., Marburg.

Heiser, A. (2020), Das Drehbuch Zum Drehbuch. Storytelling, Konzeption und Produktion Für Werbefilme, Trailer, Imagefilme und Viral-Videos, 3. Aufl., Wiesbaden.

Honthaner, E. L. (2010), The complete film production handbook, 4. Aufl., Burlington, MA.

Jockenhövel, J. (2014), Der Digitale 3D-Film. Narration, Stereoskopie, Filmstil, Wiesbaden.

Ng, J. (2012), Seeing Movement: On Motion Capture Animation and James Cameron's Avatar, Animation, 7. Jg., Nr. 3, S. 273–286.

Schmidt, U. (2021a), Filmtechnik. In: *Schmidt, U.* (Hrsg.), Professionelle Videotechnik. Grundlagen, Filmtechnik, Fernsehtechnik, Geräte- und Studiotechnik in SD, HD, UHD, HDR, IP, 7. Aufl., Berlin, Heidelberg, S. 335–388.

Schmidt, U. (Hrsg.) (2021b), Professionelle Videotechnik. Grundlagen, Filmtechnik, Fernsehtechnik, Geräte- und Studiotechnik in SD, HD, UHD, HDR, IP, 7. Aufl., Berlin, Heidelberg.

Scholten, M. (2017), Action! Ein Blick hinter die Tatort-Kulissen, Zeitschrift für Herz-,Thorax- und Gefäßchirurgie, 31. Jg., Nr. 5, S. 364–368.

Semmler, B./Gasperi, C. (2016), Medienprouktion, Studienbrief, SRH Fernhochschule Riedlingen, Riedlingen.

Warner Bros. Entertainment (2021), IT movie 2017 - Behind the Scenes (EXTRAS), in: https://www.youtube.com/watch?v=-4zVqbFoJoA, abgerufen am 15.12.2021.

Abbildungsverzeichnis

BEI GRIN MACHT SICH IHR
WISSEN BEZAHLT

- Wir veröffentlichen Ihre Hausarbeit,
  Bachelor- und Masterarbeit

- Ihr eigenes eBook und Buch -
  weltweit in allen wichtigen Shops

- Verdienen Sie an jedem Verkauf

Jetzt bei www.GRIN.com hochladen
und kostenlos publizieren